Cami

Le Petit Chaperon vert

Illustré par Éric Puybaret

HISTOIRE DU PETIT CHAPERON-ROUGE.

Le petit Chaperon-Rouge reçoit une galette et un pot de beurre pour sa grand'mère.

En passant dans le bois, le petit Chaperon-Rouge rencontre le loup et lui dit où il va.

Tandis que le loup se dépêche pour arriver, le petit Chaperon-Rouge s'amuse à faire un bouquet.

Le petit Chaperon-Rouge s'arrête encore à cueillir des noisettes.

Le petit Chaperon-Rouge se met en retard en courant après des papillons.

Le loup arrive chez la grand'mère, et heurte à la porte.

La grand'mère crie : Tire la chevillette et la bobinette cherra.

Le mechant loup se jette sur la bonne femme et la dévore.

Le loup s'étant couché dans le lit de la grand'mère, attend le petit Chaperon-Rouge.

Le petit Chaperon-Rouge vient heurter à la porte, en faisant toc, toc.

Le loup, contrefaisant sa voix, lui crie : Tire la chevillette et la bobinette cherra.

Le petit Chaperon-Rouge présente sa galette et son pot de beurre à sa grand'-mère.

Le loup lui dit : Mets le pot et la galette sur la huche, et viens te coucher avec moi.

Le petit Chaperon-Rouge se déshabille pour se coucher avec sa grand'mère.

Le petit Chaperon va se coucher avec sa grand'mère.

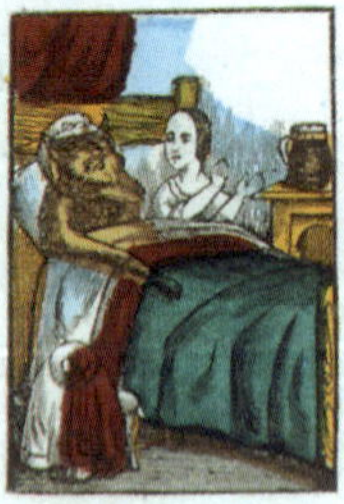

Le petit Chaperon dit au loup : Grand'-mère, que vous avez de grands bras! C'est pour mieux t'embrasser.

Grand'mère, que vous avez de grandes oreilles! C'est pour mieux t'entendre, mon enfant.

Grand'mère que vous avez de grands yeux! C'est pour mieux te voir, mon enfant

Grand'mère, que vous avez de grandes dents! C'est pour mieux te manger.

Et le méchant loup, se dressant sur le lit, se jette sur le petit Chaperon-Rouge et le mange.

Fabrique de PELLERIN, Imprimeur-Libraire, à ÉPINAL.

Le bibliobus

4 œuvres complètes

CE2
cycle 3

THÉÂTRE

Le Petit Chaperon vert

de Cami

La petite fille aux allumettes

de Hans Christian Andersen

Les aventures de Bull Mastik

de Florence Desmazures

POLICIER

Les six serviteurs

de Jacob et Wilhelm Grimm

Notes de **Pascal Dupont**
Formateur
IUFM Midi-Pyrénées

HACHETTE
Éducation

ISBN : 2.01.11.6487.7

43 quai de Grenelle 75905 Paris cedex 15
www.hachette-education.com

AVANT-PROPOS

De la littérature, pour quoi faire ?

Les apprentissages fondamentaux : parler, lire, écrire ne sauraient se résumer à des savoir-faire décontextualisés et vides de sens. Ouvrir aux enfants la porte de la littérature, c'est les introduire dans des univers imaginaires, leur permettre de répondre à des questions existentielles à travers des œuvres de fiction, susciter leur curiosité et leur appétit d'apprendre.
À partir de ces références littéraires, les enfants se constitueront une première culture qui entrera en résonance avec les expériences et les lectures à venir.

Quelles œuvres choisir ?

Le bibliobus Hachette propose aux jeunes lecteurs des œuvres intégrales classiques et contemporaines propres à nourrir leur réflexion, à faire naître des interrogations, et qui sont adaptées à leur connaissance de la langue et à leur compréhension.
Elles sont sélectionnées parmi des œuvres du patrimoine, la bibliographie établie par le ministère de l'Éducation nationale et le fonds de romans des éditions Grasset Jeunesse.

Devenir lecteur

On le sait depuis longtemps : il ne suffit pas d'avoir appris à lire pour devenir lecteur. Le goût et le plaisir de lire ne peuvent se développer qu'à partir de rencontres fréquentes avec les textes.
Il convient donc, avant tout, de lire beaucoup.

Les adultes accompagneront les enfants sur le chemin de la lecture en lisant eux-mêmes des textes à haute voix et à travers des débats qui peuvent être très libres. Ils donneront ainsi aux enfants l'occasion de partager des émotions, d'éprouver leur liberté d'interprétation tout en les guidant dans leur compréhension.
Ainsi, ils les aideront peu à peu à tisser des réseaux de significations entre différentes œuvres.

La littérature à l'école

L'école vient de se fixer deux objectifs majeurs pour le cycle 3 dans ses nouveaux programmes [(1)].
L'un qualitatif : « Le programme de littérature du cycle 3 vise à donner à chaque élève un répertoire de références appropriées à son âge. Il permet ainsi que se constitue une culture commune susceptible d'être partagée, y compris entre générations ».
L'autre quantitatif : « Chaque année, deux classiques doivent être lus et au moins huit ouvrages appartenant à la littérature de jeunesse contemporaine ».

Il appartient aux éducateurs : enseignants, parents, médiateurs du livre, de relayer cette ambition.

Pascal Dupont
Formateur à l'IUFM Midi-Pyrénées

[(1)] *Qu'apprend-on à l'école élémentaire* ?, « Les nouveaux programmes », CNDP / XO éditions, 2002.

Premier acte

LE PÈRE DU PETIT CHAPERON VERT. — Nous habitons la maison où logeait autrefois le célèbre Petit Chaperon rouge, qui fut mangé par le loup.

LA MÈRE DU PETIT CHAPERON VERT. — Étrange coïncidence : notre ravissante petite fille porte avec tant de grâce un petit chapeau vert qu'on l'appelle partout « le Petit Chaperon vert ».

Une coïncidence : un hasard

La grâce : l'élégance, le charme

LE PÈRE DU PETIT CHAPERON VERT. — Coïncidence plus extraordinaire encore : la mère-grand de notre petite fille

Demeurer : habiter

Jadis : autrefois

Prochaine : située à proximité

demeure au village voisin, comme jadis celle du Petit Chaperon rouge, et pour aller chez elle, il faut traverser la forêt prochaine.

Fameux : célèbre, très connu

Rôder : aller çà et là pour préparer un mauvais coup

LA MÈRE DU PETIT CHAPERON VERT. — Ne dit-on pas aussi que le fameux loup qui dévora le Petit Chaperon rouge et sa grand-mère rôde toujours dans la forêt ?

Troublant : frappant, dont on ne sait pas quoi penser

LE PÈRE DU PETIT CHAPERON VERT. — Oui, toutes ces coïncidences sont particulièrement troublantes.

LA MÈRE DU PETIT CHAPERON VERT. — D'autant plus troublantes qu'aujourd'hui même j'ai fait cuire des galettes et…

Pâlissant : devenant tout pâle, blêmissant

LE PÈRE DU PETIT CHAPERON VERT, *pâlissant.* — Des galettes ! C'est affreux ! Ah ! Je devine la suite ! Tu vas envoyer notre fille le Petit Chaperon vert porter à sa mère-grand une galette ?

LA MÈRE DU PETIT CHAPERON VERT. — Oui, une galette et un petit pot de beurre.

LE PÈRE DU PETIT CHAPERON VERT. — Un petit pot de beurre ! C'est horrible ! Ce sont là d'extraordinaires et tragiques coïncidences ! Mais, chut ! voici le Petit Chaperon vert qui revient de l'école.

Tragique : effroyable, qui peut conduire à la mort

LA MÈRE DU PETIT CHAPERON VERT, *au Petit Chaperon vert.* — Va voir comment se porte ta mère-grand. Porte-lui cette galette et ce petit pot de beurre.

LE PÈRE DU PETIT CHAPERON VERT, *joyeusement.* — Tiens, comme le Petit Chaperon rouge !

LA MÈRE DU PETIT CHAPERON VERT, *avec anxiété.* — Comme le Petit Chaperon rouge ! Oh ! mon cœur est rempli de sombres pressentiments. Dois-je la laisser partir ?

Avec anxiété : avec une grande inquiétude

Sombre : menaçant, angoissant

Un pressentiment : le sentiment que quelque chose va arriver

LE PETIT CHAPERON VERT. — Ne craignez rien, chers parents. Le Petit Chaperon vert est plus rusé que le Petit Chaperon rouge. Si par hasard je trouve le loup dans le lit de mère-grand, il ne pourra pas me dévorer. J'ai une idée. *(Elle part.)*

Deuxième acte
La ruse du Petit Chaperon vert

La scène représente l'intérieur de la maison de la mère-grand.

LE LOUP QUI MANGEA JADIS LE PETIT CHAPERON ROUGE, *couché dans le lit.* — Dès que j'ai aperçu le Petit Chaperon vert se diriger vers la maison de sa mère-grand, j'ai opéré de la même manière qu'autrefois pour le Petit Chaperon rouge. Je suis arrivé le premier chez la mère-grand. J'ai dévoré rapidement cette vieille dame, j'ai pris sa place dans le lit et j'attends le Petit Chaperon vert, qui ne va pas tarder à heurter à la porte.

Opérer : agir

Ne pas tarder : être sur le point de

Heurter : cogner

LE PETIT CHAPERON VERT, *frappant à la porte.* — C'est votre fille le Petit Chaperon vert qui vous apporte une galette et un petit pot de beurre.

LE LOUP QUI MANGEA JADIS LE PETIT CHAPERON ROUGE, *adoucissant sa voix.* — Tirez la chevillette et la bobinette cherra. (*Le Petit Chaperon vert entre.*)

— Mets la galette et le petit pot de beurre sur la huche, et viens te coucher auprès de moi.

Une huche : un coffre dans lequel on mettait le pain

LE PETIT CHAPERON VERT, *à part.* — Ciel ! C'est le loup ! Je reconnais la même phrase qu'il prononça jadis pour attirer le Petit Chaperon rouge dans le lit. Le misérable est en train de digérer mère-grand, mais grâce à mon idée, il lui sera impossible de me dévorer.

Un misérable : un individu très méchant

LE LOUP QUI MANGEA JADIS LE PETIT CHAPERON ROUGE. — Eh bien, viens-tu te coucher, mon enfant ?

LE PETIT CHAPERON VERT, *se couchant près du loup.* — Me voilà ! Oh ! mère-grand, que vous avez de grands bras !

LE LOUP QUI MANGEA JADIS LE PETIT CHAPERON ROUGE. — C'est pour mieux t'embrasser, mon enfant.

LE PETIT CHAPERON VERT. — Mère-grand, que vous avez de grandes jambes !

LE LOUP QUI MANGEA JADIS LE PETIT CHAPERON ROUGE. — C'est pour mieux courir, mon enfant.

LE PETIT CHAPERON VERT. — Mère-grand, que vous avez de grandes oreilles !

LE LOUP QUI MANGEA JADIS LE PETIT CHAPERON ROUGE. — C'est pour mieux t'écouter, mon enfant.

LE PETIT CHAPERON VERT. — Mère-grand, que vous avez de grands yeux !

LE LOUP QUI MANGEA JADIS LE PETIT CHAPERON ROUGE. — C'est pour mieux te voir, mon enfant ! (*À part.*) Apprêtons-nous !

LE PETIT CHAPERON VERT. — Mère-grand, que vous avez de grands bras !

LE LOUP QUI MANGEA JADIS LE PETIT CHAPERON ROUGE, *interloqué*. — Mais tu l'as déjà dit, mon enfant.

Interloqué : être si étonné qu'on ne sait plus quoi dire

LE PETIT CHAPERON VERT, *continuant*. — Mère-grand, que vous avez de grandes jambes.

LE LOUP QUI MANGEA JADIS LE PETIT CHAPERON ROUGE. — Mais tu répètes toujours la même chose ! Voyons, il y a autre chose à demander, par exemple (*Insinuant.*) : mère-grand, que vous avez de grandes…

Insinuer : essayer de faire comprendre quelque chose sans le dire clairement

LE PETIT CHAPERON VERT. — … de grandes oreilles !

LE LOUP QUI MANGEA JADIS LE PETIT CHAPERON ROUGE. — Mais non, de grandes… de grandes… (*Très insinuant.*) ça commence par un d.

LE PETIT CHAPERON VERT. — ... de grandes jambes !

LE LOUP QUI MANGEA JADIS LE PETIT CHAPERON ROUGE, *sautant du lit.* — Enfer et damnation ! ! ! Ce Petit Chaperon vert se joue de moi ! Cette rusée petite fille s'obstine à ne pas dire : « Mère-grand, que vous avez de grandes dents ! » Alors, naturellement, je ne peux pas sauter sur elle et lui répondre : « C'est pour te manger ! » *(Avec un soupir de regret.)* Ah ! où sont les enfants naïfs et faciles à dévorer d'autrefois ?
(Il sort, furieux.)

Enfer et damnation : juron

Se jouer : se moquer

S'obstiner : ne pas vouloir changer d'avis

Naïf : qui croit tout ce qu'on lui dit

RIDEAU

Hans Christian Andersen

La petite fille aux allumettes

Traduit du danois par D. Soldi

Illustré par Christian Kingue Epanya

Comme il faisait froid ! La neige tombait et la nuit n'était pas loin ; c'était le dernier soir de l'année, la veille du jour de l'an.

La veille du jour de l'an : le 31 décembre

Au milieu de ce froid et de cette obscurité, une pauvre petite fille passa dans la rue, la tête et les pieds nus. Elle avait, il est vrai, des pantoufles en quittant la maison, mais elles ne lui avaient pas servi longtemps : c'étaient de grandes pantoufles que sa mère avait déjà usées, si grandes que la petite les perdit en se pressant de traverser la rue entre deux voitures. L'une fut réellement

L'obscurité : l'absence de lumière

Se presser : se dépêcher

perdue ; quant à l'autre, un gamin l'emporta avec l'intention d'en faire un berceau pour son petit enfant, quand le ciel lui en donnerait un.

Le ciel : la providence, dieu

La petite fille cheminait avec ses petits pieds nus qui étaient rouges et bleus de froid ; elle avait dans son vieux tablier une grande quantité d'allumettes, et elle en portait à la main un paquet. C'était pour elle une journée mauvaise ; pas d'acheteurs, donc pas le moindre sou. Elle avait bien faim et bien froid, bien misérable mine. Pauvre petite !

Cheminer : marcher lentement

Une misérable mine : un visage très malheureux

Les flocons de neige tombaient dans ses longs cheveux blonds, si gentiment bouclés autour de son cou ; mais songeait-elle seulement à ses cheveux bouclés ? Les lumières brillaient aux fenêtres, le fumet des rôtis s'exhalait dans la rue, c'était la veille du jour de l'an : voilà à quoi elle songeait.

Songer : penser

Un fumet : une odeur très agréable

S'exhaler : se répandre

Elle s'assit et s'affaissa sur elle-même dans un coin, entre deux maisons.

Le froid la saisissait : elle ressentait vivement le froid

Le froid la saisissait de plus en plus, mais elle n'osait pas retourner chez elle : elle rapportait ses allumettes et pas la plus petite pièce de monnaie. Son père la battrait ; et du reste, chez elle, est-ce qu'il n'y faisait pas froid aussi ? Ils logeaient sous le toit, et le vent soufflait au travers, quoique les plus grandes fentes eussent été bouchées avec de la paille et des chiffons.

Loger : habiter

Une fente : un trou très long et étroit

Ses petites mains étaient presque mortes de froid. Hélas ! qu'une petite allumette leur ferait du bien ! Si elle osait en tirer une seule du paquet, la frotter sur le mur et réchauffer ses doigts !

Elle en tira une : ritch ! comme elle éclata ! comme elle brûla !
C'était une flamme chaude et claire comme une petite chandelle, quand elle la couvrit de sa main. Quelle lumière bizarre ! Il semblait à la petite fille qu'elle était assise devant un grand poêle de fer orné de boules et surmonté d'un couvercle en cuivre luisant. Le feu y brûlait si magnifique, il chauffait si bien !

Une chandelle : une bougie

Un poêle : un appareil de chauffage fonctionnant au bois ou au charbon

Du cuivre : un métal

Luisant : brillant

Mais, qu'y a-t-il donc ?

La petite étendait déjà ses pieds pour les chauffer aussi ; la flamme s'éteignit, le poêle disparut : elle était assise, un petit bout de l'allumette brûlée à la main.

Elle en frotta une seconde qui brûla, qui brilla, et, là où la lueur tomba sur le mur, il devint transparent comme une gaze. La petite pouvait voir jusque dans une chambre où la table était couverte d'une nappe blanche, éblouissante de fines porcelaines, et sur laquelle une oie rôtie, farcie de pruneaux et de pommes, fumait avec un parfum délicieux. Ô surprise, ô bonheur !

Une lueur : une faible lumière

Une gaze : un tissu très fin presque transparent

Une porcelaine : de la vaisselle en céramique blanche

Tout à coup l'oie sauta de son plat et roula sur le plancher, la fourchette et le couteau dans le dos, jusqu'à la pauvre fille. L'allumette s'éteignit : elle n'avait devant elle que le mur épais et froid.

En voilà une troisième allumée.

Aussitôt elle se vit assise sous un magnifique arbre de Noël ; il était plus riche et plus grand encore que celui qu'elle avait vu, à la Noël dernière, à travers la porte vitrée, chez le riche marchand. Mille chandelles brûlaient sur

Vitré : garni d'une vitre

les branches vertes, et des images de toutes couleurs, comme celles qui ornent les fenêtres des magasins, semblaient lui sourire.

Orner : décorer

La petite éleva les deux mains : l'allumette s'éteignit ; toutes les chandelles de Noël montaient, montaient, et elle s'aperçut alors que ce n'étaient que les étoiles. Une d'elles tomba et traça une longue raie de feu dans le ciel.

Raie : une fine ligne se détachant sur un fond

« C'est quelqu'un qui meurt », se dit la petite ; car sa vieille grand-mère, qui seule avait été bonne pour elle, mais qui n'était plus, lui répétait souvent : « Lorsqu'une étoile tombe, c'est qu'une âme monte à Dieu. »

Qui n'était plus : qui était mort

Elle frotta encore une allumette sur le mur : il se fit une grande lumière au milieu de laquelle était la grand-mère debout, avec un air si doux, si radieux !

Radieux : rayonnant de joie

« Grand-mère, s'écria la petite, emmène-moi. Lorsque l'allumette s'éteindra, je sais que tu n'y seras plus. Tu disparaîtras comme le poêle de fer, comme l'oie rôtie, comme le bel arbre de Noël. »

Promptement : rapidement

Vif : intense

Elle frotta promptement le reste du paquet, car elle tenait à garder sa grand-mère, et les allumettes répandirent un éclat plus vif que celui du jour. Jamais la grand-mère n'avait été si grande ni si belle.

L'angoisse : une très grande inquiétude

Elle prit la petite fille sur son bras, et toutes les deux s'envolèrent joyeuses au milieu de ce rayonnement, si haut, si haut, qu'il n'y avait plus ni froid, ni faim, ni angoisse, elles étaient chez Dieu. Mais dans le coin, entre les deux maisons, était assise, quand vint la froide matinée, la petite fille, les joues toutes rouges, le sourire sur la bouche... morte, morte de froid, le dernier soir de l'année.

Un cadavre : le corps d'une personne morte

Le jour de l'an se leva sur le petit cadavre assis là avec les allumettes, dont un paquet avait été presque tout brûlé.

Ignorer : ne pas savoir

Une splendeur : une chose magnifique, merveilleuse

« Elle a voulu se chauffer ? » dit quelqu'un. Tout le monde ignora les belles choses qu'elle avait vues, et au milieu de quelle splendeur elle était entrée avec sa vieille grand-mère dans la nouvelle année.

Florence Desmazures

Les aventures de Bull Mastik
Le loup-garou de la Dent du Loup

Illustré par Guy Mérat

Liste des objets indispensables au commissaire Bull Mastik pour partir aux sports d'hiver en Ourscase

– Lunettes pour avion à branches anti-bourdonnements d'oreilles.
– Chewing-gum vert à l'anis relaxant.
– Fausse crème haute altitude au perce-neige.
– pour un « mâtin à ski » anti-stress du vertige.
– Dictionnaire ours-chien (tome II).
– Vitamines à l'os pour le sport.
– Bâton droit de ski avec panneau « Attention avalanches » intégré.
– Collier anti-rapaces à bidon.
– Combinaison rose fluo avec ailes intégrées.
– Lunettes-loupes.
– Sirop à la gentiane anti-froid.
– Collants américains anti-puces.
– Tube de pommade à babines incolore.

Anti-bourdonnements : contre l'impression de bruit que l'on peut avoir en altitude

L'anis : une plante aromatique

Anti-stress : contre la nervosité

Intégré : incorporé

Rapace : famille d'oiseaux carnivores

La gentiane : plante aromatique des montagnes

Les babines : les lèvres de certains animaux (chiens, chats…)

Par un temps à ne pas mettre un chien de traîneau dehors, le commissaire Bull Mastik fredonne la joyeuse ritournelle des départs en vacances :

Fredonner : chantonner

Une ritournelle : une chanson courte et répétitive

Quand reviendrez-vous,
Ô, ô, puces de l'été ?
Sautillantes et piquââântes !
Parmi les épis de blé moissonnés ?
Ô, ô, puces adorées !

Moissonné : récolté

Tout en chantonnant, Bull Mastik boucle à la hâte son sac de randonnée. Il jette un dernier coup d'œil ému à l'empreinte

Boucler : terminer de faire (langage familier)

nasale très copie conforme de son passeport. Puis, encombré de ses skis-luges et de ses bâtons, il file, et attrape in extremis la navette qui doit le conduire à l'aéroport pour une semaine bien méritée aux sports d'hiver en Ourscase.

Nasale : du nez

Copie conforme : exactement identique

In extremis : au dernier moment

22 H 00

Tenant d'une patte son faux bouquet d'edelweiss, Bull Mastik tend de l'autre son billet à l'hôtesse : vol Aero Ourscase 642 via Kokours, la capitale. À l'abri

Un edelweiss : une fleur blanche de montagne qui ne pousse qu'à partir de 1 000 mètres

derrière des lunettes d'aviateur à branches anti-bourdonnements d'oreilles, il mastique une noisette de chewing-gum vert à l'anis relaxant, en cas de trous d'air…

Mastiquer : mâchonner

Une noisette : une petite quantité

2 H

Déjà ! Après une sensation d'atterrissage en douceur grâce à la fausse crème haute altitude « pour un mâtin à skis » au perce-neige anti-stress du vertige, Bull Mastik déboule sur la passerelle. Suit une heure d'attente au milieu d'une foule ourscasienne emmitouflée (dehors, il fait - 6 °) au type « ours » pelucheux et velu. Enfin, le commissaire monte à bord d'un koukoursk (coucou). C'est par une nuit étoilée, sous le Chariot de la Grande Ourse, que Bull Mastik débarque à la station de ski Cocasska, à 3 000 mètres d'altitude.

Débouler : arriver à toute vitesse

Emmitouflé : enveloppé dans des vêtements chauds

Le Chariot de la Grande Ourse : un groupe d'étoiles qui forme une constellation

Les cimes : les sommets des montagnes

Après une nuit réparatrice au Chalet Oursi-neskaia, le commissaire commence sa journée par quelques pompes, histoire de se mettre en forme avant d'attaquer les cimes !

9 H 00

Rôder : marcher de long en large sans but précis

Éventuel : possible

Solide : copieux

Bull Mastik, impatient, déjà vêtu de sa combinaison rose fluo, rôde dans le hall afin de cueillir au vol quelques tuyaux sur une éventuelle randonnée à skis. Puis il s'assied devant un solide petit déjeuner. Et mastique, l'air dégagé. Mais dans le même temps, et bien qu'il possède presque parfaitement la langue ours, pour avoir suivi des cours du soir en accéléré, il feuillette le tome II de son dictionnaire pour ne rien perdre de la conversation d'un couple :

— Ça te dirait, Natacha, d'aller à la Dent du Loup ? propose Igor Grizzli à sa compagne.

— BRR ! AH PAS LÀ SURTOUT ! NON ! s'écrie Natacha Titourskova, devenue blême.

Blême : pâle

— Et pourquoi donc ? Tu ne vas pas me faire croire que toi aussi tu crois à ces balivernes ? se moque-t-il.

Des balivernes : des mensonges, des sornettes

Je sais bien… ce sont des légendes… mais enfin… il fait frisquet… la randonnée est longue et dangereuse… répond-elle, vexée.

Frisquet : un peu froid (langage familier)

— Skiaia ! skiaia ! (taratata) Eh bien reste ! Igor Grizzli s'avance alors vers Bull Mastik : « Cher monsieur, voulez-vous être de la partie ? » Avec un guide naturellement ! Ce sera moins risqué … heu… je veux dire en cas d'avalanches… ou de passages difficiles sur les pistes.

— Bravo ! Je suis en tenue, prêt à foncer tout schuss ! guspo ! di la karasvo ski tou schuss ! aboie Bull Mastik, rayonnant de bonheur.

Foncer tout schuss : descendre une piste de ski tout droit

— Heu… vous n'avez pas peur des… rumeurs ? lui demande Igor Grizzli, subitement gêné… parce que dans cette Aiguille où nous allons, la Dent du Loup… il se passerait des choses… voyez-vous, les gens du coin racontent qu'un monstre y vivrait : un loup-garou qui, la nuit tombée, sortirait et errerait en terrifiant le village de Cocasska par des cris et d'étranges bruits… des frôlements…

Errer : vagabonder

— Ce n'est pas tout ! intervient Natacha

Titourskova, hors d'elle, on dit même qu'à la pleine lune on apercevrait son ombre planer au-dessus de Cocasska !
— Un loup-garou ! Tout ceci est follement raviskasa (bidonnant) ! s'exclame Bull Mastik, fébrile. Je pars ! Venez Natacha ! Avec moi vous ne craignez rien !
Natacha Titourskova, subjuguée par son ardeur, accepte.

Bidonnant : amusant (langage familier)

Subjugué : impressionné

L'ardeur : l'enthousiasme

10 H 00

Joint par téléphone, le guide Boris Brun se rend au Chalet Oursineskaia. Un peu anxieux à l'idée de parcourir des pistes difficiles, Bull Mastik croque trois cachets de vitamines à l'os pour le sport. Il fixe autour de son cou le collier anti-rapaces à bidon en cas d'attaque ! En effet, la Dent du Loup se trouve perchée à 3 800 mètres !

10 H 30

Tous quatre commencent à attendre devant le tire-fesses de la piste noire «L'ours à collier». Bull Mastik chausse ses lunettes-loupes pour discerner la rondelle et la bonne ! Les pattes flageolantes, il s'assied et monte : 3 100 m… 3 150 m… 3 200 m… Bientôt les flocons givrants métamorphosent le commissaire en redoutable porc-épic des neiges. En haut, Igor Grizzli, Natacha Titourskova et le guide Boris Brun l'attendent. «Par là !» hurle le guide en attaquant la pente vertigineuse. «Ho !» hoquette

Discerner : distinguer nettement

Métamorphoser : transformer

Vertigineux : à pic

Hoqueter : parler avec des hoquets dans la voix

Un précipice : un gouffre, un trou très profond

Fignoler : réaliser avec beaucoup de soin (langage familier)

Incognito : qui cache son identité

Bull Mastik derrière ses lunettes à la vue des précipices… En effet, le panorama est terrifiant : un champ de bosses encaissé dans un goulot étroit et bordé de deux ravins ! Aussitôt, afin de dissuader ses compagnons de s'engager sur cette piste, Bull Mastik déclenche de son bâton droit la sortie du panneau « Attention ! Avalanches ! ». TOUS RIENT AUX ÉCLATS !

— Rivou diskaia ? demande Bull Mastik interloqué.

— Avalanskaia ! Ah ! Ah ! Savez-vous que le mot chien « avalanche » ressemble au mot ours « avalanskaia » qui signifie « commissaire de police » ! explique Boris Brun.

— C'est exact ! Je le suis ! avoue Bull Mastik, vexé de n'avoir pas pensé à fignoler son panneau en langue ours… Mais chut ! Je suis en vacances incognito.

10 H 45

« Ah ! Ah ! Avalanskaia ! Hou ! Hou ! », l'interpelle un groupe d'oursons pliés en quatre à la vue du panneau. Ce sont Yvan Ourski, Rara Nounourska, Vladi Nourspeluska et Nours Manov. Bull Mastik rit avec eux, mais jaune ! Mortifié, il réintègre le gadget dans son bâton de ski.

Plié en quatre : qui éclate de rire (langage familier)

Rire jaune : faire semblant de rire tout en étant très vexé

10 H 50

Derrière un sommet, surgit la Dent du Loup. Tout à coup un malaise s'installe dans le groupe. Boris Brun lève la tête. Au-dessus de l'aiguille plane une ombre noire… Le soleil se cache.

— Ra vlo di gospov ! L'ombre, là ! crie Natacha Titourskova. J'ai peur.

— Commissaire ! là ! La bosse ! Là ! hurle Boris Brun.

Trop tard ! Bull Mastik gît, la truffe dans la neige, les skis-luges croisés en l'air.

Un malaise : une gêne

Tout schuss, surgit en fonçant le groupe d'oursons. Nours Manov déchausse ses skis. Gentiment, il aide le commissaire à se relever. Vladi Nourspeluska époussette sa combinaison rose fluo. Yvan Ourski règle ses fixations. Rara Nounourska rebouche son tube de fausse crème dévissé dans la chute.

Épousseter : enlever la poussière

11 H 15

Bull Mastik suit le guide avec peine. C'est à croire que la Dent du Loup recule au fur et à mesure qu'il avance !

— Les aigles ! À plat ventre ! Recouvrez-vous de neige !

Avec peine : avec difficulté

Au fur et à mesure : progressivement

— Sinon les aigles sentiront votre odeur ! hurle Boris Brun.

— Approche donc du bidon de mon collier, prédateur de rien du tout ! Allez vas-y ! Trompette ! Glatis ! , se moque Bull Mastik ravi de pouvoir enfin faire une pause. Mon collier ! ! !, s'étrangle le commissaire. Qui aurait pu me chiper mon collier anti-rapaces ? Mmm… Boris Brun… Igor Grizzli ou Natacha Titourskova la froussarde… car enfin tous sont visiblement terrifiés par QUELQUE CHOSE : soit par les aigles… soit par la pseudo-légende du loup-garou… resteraient les oursons qui m'ont aidé à me relever, ce qui est impensable !…

Ravi : très heureux

Chiper : voler (langage familier)

Visiblement : manifestement

Pseudo : fausse

11 H 30

Profitant d'un arrêt au bord de la piste rouge de « L'ours blanc », Bull Mastik dévisse négligemment le bouchon de sa fausse crème solaire, indice de protection 15, détectrice de mensonge. Avec la pâte, il rejette trois bulles et dirige les deux premières sur le museau de Natacha Titourskova et d'Igor Grizzli.

Détecteur : qui sert à découvrir l'existence de quelque chose

— N'auriez-vous pas pris PAR MÉGARDE mon collier anti-rapaces, histoire de jouer les durs ? demande-t-il d'un ton enjoué.

Par mégarde : sans faire attention

Enjoué : joyeux

Faire office : servir

Hélas, la pâte qui fait office de détecteur de mensonge reste verte dans les deux cas... Or, au moment où la troisième bulle va atterrir sur la truffe de Boris Brun... elle éclate... après avoir viré au rose foncé... ! « Sous les rayons du soleil ? Ou parce que Boris est coupable ? », s'interroge Bull Mastik.

Virer : changer de couleur

12 H 00

De près, la Dent du Loup est écrasante. Des bruits… des pas… des craquements, s'échappent de l'aiguille. À mesure que Bull Mastik s'avance, une idée se forme sous la capuche de sa combinaison rose fluo : « Si, en réalité, Boris Brun le guide braconnait les aigles… Le vol de ce collier lui aurait été d'une grande utilité… »

— Dites moi Boris ! Si on s'offrait un aigle au dessert ? Cela améliorerait un peu notre ordinaire menu-camping-cantine ? propose le commissaire.

— Braconner moi ? Vous ignorez commissaire, que l'aigle est un rapace protégé dans nos régions ! Voyez ma carte d'adhérent à l'Association ! s'indigne Boris Brun.

« Mon coup est raté… bien sûr ! Suis-je stupide ! Un écologiste de la sorte répugnerait à risquer de blesser les yeux d'un aigle avec la fumée noirâtre assez

Braconner : chasser une espèce protégée ou sans permis

Un adhérent : un membre

Un écologiste : une personne qui défend l'environnement

polluante du bidon ! », réalise le commissaire, déçu.

12 H 30

Scrutant : observant attentivement

Un halo noir : une zone sombre

« Brr ! » frissonne Bull Mastik en scrutant d'un œil mauvais la nuée d'aigles qui forme un halo noir autour de la Dent du Loup.

— Hou ! Hou ! Avalanskaia !

— Tiens ! Yvan, Vladi, Rara, Nours ! s'exclame le commissaire attendri. Dites donc Boris, si on pique-niquait tous ensemble ici avec les oursons ?

— PAS LÀ ! NON ! PLUS BAS ! se récrie Natacha Titourskova.

Crâner : prendre un air fier

— Pourquoi pas là justement ! crâne Igor Grizzli, pourtant tout aussi effaré. En silence, Boris Brun plante ses bâtons. Il semble inquiet.

— Et si on faisait un commissaire de police en bonhomme de neige ? proposent Yvan Ourski et Vladi Nourspeluska.

— OÙ SONT PASSÉS Rara Nounourska et Nours Manov ? demande soudain Boris Brun. Avec ces aigles… et ces risques d'éboulements… l'aiguille tient à peine par endroits… elle s'effrite. ET SURTOUT c'est la pleine lune aujourd'hui !

Un éboulement : une chute de pierres

S'effriter : se briser en petits morceaux

— Ah, les voilà ! Oh Nours ! Tu trembles… mon petit, veux-tu mon passe-montagne à trous de commissaire de police ? propose Bull Mastik en s'approchant.

— Laissez ces enfants ! Vous ne les connaissez pas ! éclate Natacha, hors d'elle.

— Oui c'est stupide ! Vous pourriez en avoir besoin ! ajoute Igor, visiblement très nerveux lui aussi.

— Ce passe-montagne m'appartient ! se fâche Bull Mastik. Je le donne à qui je veux ! Et puis cet ourson m'est très sympathique ! Ce sont ces histoires de loup-garou qui vous rendent soupes au lait ! Égoïstes !

Être soupe au lait : être coléreux (langage familier)

13 H 30

— J'ai ma petite idée ! suggère Bull Mastik à la cantonade, ravigoté par un hamburger géant. (Et il pénètre dans la faille.) Je vais inspecter la Dent du Loup… LOU… LOU… LOU…

— Vous avez entendu ! ! ! L'écho ! Revenez ! C'est imprudent ! hurle le groupe. On dirait l'écho MAIS CE N'EST PAS L'ÉCHO ! ET C'EST LA PLEINE LUNE !

— Mais non c'est l'écho ET PAS AUTRE CHOSE, tente de se rassurer Bull Mastik, à l'intérieur de la Dent du Loup. L'aiguille est DONC inhabitée, vide… ce qui n'arriverait pas s'il y avait dedans un… loup-garou… car sa présence étoufferait l'écho justement… À MOINS QUE…

Le commissaire commence à transpirer malgré le froid humide et pénétrant dégagé par la roche.

À la cantonade : parler à haute voix à un groupe sans s'adresser particulièrement à quelqu'un

Ravigoté : qui a repris des forces (langage familier)

13 H 36

— Commissaire ! Il ne vous est rien arrivé ? demande le groupe alors que Bull Mastik, très pâle, ressort en trombe. Mais déjà, dehors, les oursons redévalent la pente.

— Merci pour le passe-montagne à trous ! lance Nours Manov.

En trombe : à toute vitesse

Redévaler : redescendre

13 H 45

Bull Mastik, Boris Brun, Igor Grizzli et Natacha Titourskova s'apprêtent à prendre un tire-fesses en direction de Cocasska.

— Mes lunettes-loupes ! ! ! Boris ! Vite, l'adresse d'un magasin d'articles de skis ! quelqu'un me les a volées ! s'écrie Bull Mastik.

— Chez Anna Gagarouska, « Au Dahu sportif».

Boris Brun manque tomber à la renverse en voyant le commissaire dégager deux ailes de sa combinaison rose fluo avant de s'envoler vers Cocasska.

14 H 15

Après un superbe vol plané du plus pur style « épervier des neiges », Bull Mastik atterrit devant la boutique d'Anna Gagarouska.

— Avez-vous des lunettes-loupes pour discerner les rondelles des tire-fesses dans le brouillard ? demande Bull Mastik.

— Dites donc, vous ! Vous ne seriez pas acteur de cinoche par hasard ? C'est un gadget de film ! De télé ! Nous, on vend juste des lunettes de soleil !

Anna Gagarouska se tord de rire en louchant sur les ailes du commissaire.

Discerner : distinguer

En louchant : en regardant avec insistance

Entre 14 H 00 et 17 H 00

Désespéré, transi, Bull Mastik scrute le nez de tous les skieurs. Ils ont au moins tous le niveau « flèche d'or » et sautent sur les rondelles, comme des acrobates. « Pauvre 'flocon de neige' que je suis ! » se désole le commissaire penaud.

Une flèche d'or : un diplôme de ski

17 H 05

— Avalanskaia ! On fait une bataille de boules de neige !

— Oh mes petits !

Bull Mastik se précipite, réconforté. D'autant plus qu'Igor Grizzli, Natacha Titourskova et Boris Brun l'entourent aussitôt.

Alors le commissaire, soulagé de n'être plus seul, sort de son sac de randonnée le sirop à la gentiane anti-froid. Tout en shootant dans des ballons de neige, il sirote. Vive les vacances !

Réconforté : soulagé

Shooter : tirer

18 H 00

De retour au Chalet Oursineskaia, Bull Mastik prend dans son sac à randonnée une paire de collants américains anti-puces de rechange. NOOON !

— NIKOU ! NIKOU ! (ALLÔ ! ALLÔ !) Boris Brun ? C'est moi ! Pouvez-vous m'accompagner à la Dent du Loup, demain, à l'aube ? Seul !... Oui j'y

Volatilisé : disparu

À la noix : qui ne vaut rien (langage familier)

Obsédé : qui ne pense qu'à une seule chose

tiens ! Oui… voyez-vous mes affaires disparaissent les unes après les autres… ma crème haute altitude maintenant ! Volatilisée ! Je commence à trouver votre aiguille creuse bizarre… comprenez-vous Boris ? Et votre loup-garou à la noix pourrait très bien être un pickpocket… un obsédé des gadgets de télé… Nikou ?… Oui… ! je suis entré dans l'aiguille… Oui… dedans… Vous vous en souvenez, non ? Vous n'auriez pas pris mon tube par hasard ? Non ! bien sûr… Natacha… n'est pas le genre, vous dites, à se tartiner de crème pour la bronzette… Igor encore moins… évidemment…

« Quelqu'un ment ! De toute façon, même si je me retrouve seul avec le guide, ce pourrait être un coup des deux autres… » calcule Bull Mastik en raccrochant rageusement le combiné.

Le lendemain 8 H 00

Bull Mastik et Boris Brun partent pour la Dent du Loup. Les muscles contractés par l'angoisse, le commissaire avance dans la poudreuse avec un style chasse-neige-débutant lamentable… Ses lunettes-loupes lui permettent d'éviter les skieurs fonçant tout schuss mais ne l'empêchent pas de tomber sans cesse.

Contracté : crispé

La poudreuse : de la neige fraîche

Entre 9 H 00 et 13 H 00

L'absence de chewing-gum vert à l'anis relaxant se fait ressentir. À présent la danse des aigles au-dessus de sa tête l'inquiète. Il se recroqueville dans sa combinaison rose fluo, se protège comme il peut. Lui reste son tube de pommade à babines incolore, mais à quoi lui servirait de relever des empreintes ?... à part le guide, il n'y a personne et il neige !

Se recroqueviller : se replier sur soi-même

13 H 00

Déprimé, Bull Mastik transforme ses skis en luge, au pied de la Dent du Loup. Il s'effondre dessus, et pense à ses gadgets perdus à tout jamais ! Là-haut les aigles... toujours...

S'effondrer : s'écrouler

— AVALANSKAIA ! DI NOU SOVLISKA ? (COMMISSAIRE ! TU AS UNE NOUVELLE LUGE ?) s'écrie Vladi Nourspeluska, en haut de la piste.

Et elle saute dessus.
— ZUPOV ! (ZOU), rit Bull Mastik en la poussant avec Yvan Ourski. ZUPOV ! À toi Nours ! ZUPOV ! HEP ! NOURS ! Soudain, le guide s'avance, décomposé.

Décomposé : le visage déformé par la peur

— Commissaire ! Il est temps de redescendre ! Bientôt l'aiguille va devenir dangereuse ! C'est à CETTE HEURE qu'il peut se passer quelque chose ! C'est aujourd'hui la pleine lune ! Nonnn ! n'entrez pas dedans !

De la fente rocheuse résonne la voix du commissaire :

— Nours ! Reviens ! Nours ! Où es-tu… tu… tu… reviens !… viens… viens… On va faire de la luge… uge… uge…

— Le loup-garou de la Dent du Loup ! ! ! hurle la petite voix de Nours tout au fond de l'aiguille.

Vacillant, Bull Mastik fait un pas :

— Ça bouge quelque part… mais je ne vois rien…

— LÀ ! TENEZ COMMISSAIRE ! JE VOUS RENDS VOS LUNETTES-LOUPES !

— HEIN ! ! ! C'EST TOI ? ! Mais où es-tu… ? Ah, te voilà… merci… OOH ! DES PETITS D'AIGLES ! ! ! Regarde Nours ! C'est une aire d'aigles ton loup-garou ! C'était donc ça ces bruits, ces cris, cette légende autour de la Dent du Loup. Et ces ombres qui volaient au-dessus de Cocasska… c'était la petite promenade familiale des aigles ! Quels froussards

Vacillant : d'une démarche hésitante

Une aire : un nid de rapace

Un froussard : un peureux (langage familier)

ces Ourscasiens ! Ils n'ont jamais osé aller voir jusqu'ici ! ... Mais dis donc petit, tu n'as pas froid aux yeux, toi ! Quand même... tu m'as chipé mes gadgets ? Tous ? Avoue !

— Oui, c'est moi. Vous n'allez pas me gronder au moins ? supplie Nours.

— Mouais... bougonne Bull Mastik secrètement admiratif. Raconte d'abord !

— Eh bien voilà ! Le jour où je vous ai rencontré sur les pistes, avec votre drôle de panneau qui sortait du bâton de ski... alors là ! j'ai bien senti que vous étiez un commissaire de police du tonnerre ! Tout d'un coup j'ai eu envie de devenir COMME

Bougonner : parler entre ses dents avec mauvaise humeur

Être admiratif : être heureux de voir quelqu'un se débrouiller aussi bien

VOUS pour avoir les mêmes gadgets que vous ! Après quand vous êtes tombé dans la neige, c'est moi qui ai pris votre collier à bidon. Et puis, je me suis dit : « Maintenant que j'ai un super gadget, je vais essayer d'être un vrai commissaire comme lui ! » J'ai décidé de mener ma première enquête à la Dent du Loup ! Avec le collier, j'avais moins peur… si jamais le loup-garou me sautait à la gorge, il aurait pris en pleine tête la fumée noire ! Ensuite, je vous ai volé les lunettes-loupes… Ici, il fait si sombre ! C'était pratique pour espionner le loup-garou ! Avec votre sirop à la gentiane, j'avais moins froid aussi… Est-ce que je suis doué pour devenir un vrai commissaire, hein ? demande Nours Manov.

Doué : qui a des capacités pour faire quelque chose

— MOTOV (MOUAIS) 14 sur 20 ! sourit Bull Mastik. Et maintenant, si on faisait une blague au guide, histoire de lui laisser le plaisir de croire encore au loup-garou ?

Alors, Bull Mastik hissa Nours Manov sur ses épaules. Puis, d'un coup de bouton-pression sur sa combinaison rose fluo, il s'envola à tire-d'aile. Et son ombre, mêlée à celle de Nours Manov, plana un long moment au-dessus du village de Cocasska jauni par la pleine lune.

Hisser : monter

À tire d'aile : d'un vol vigoureux

Jacob et Wilhelm Grimm

Les six serviteurs

Illustré par Alain Boyer

Il y avait autrefois une vieille reine qui était une sorcière et dont la fille était la plus belle créature du monde.

Une créature : une personne

La sorcière ne songeait qu'à attirer des jeunes gens pour les conduire à leur perte. Chaque fois qu'il arrivait un prétendant, elle lui annonçait que celui qui voulait la main de sa fille devait d'abord triompher d'une épreuve ou bien mourir. Beaucoup de jeunes gens s'y risquèrent ; mais aucun ne réussit jamais à accomplir ce qu'exigeait la vieille. Elle fut sans pitié. Ils durent tous s'age-

Conduire à sa perte : faire mourir

Un prétendant : un jeune homme qui veut épouser la princesse

Une épreuve : une action difficile à accomplir

Exiger : demander

Le bourreau : une personne qui exécute les condamnés

nouiller devant le bourreau qui leur trancha la tête.

Un prince, qui avait entendu parler de l'extraordinaire beauté de la jeune fille, alla supplier son père :

Supplier : demander avec insistance

Demander la main : demander en mariage

« Mon père, permettez-moi d'aller demander la main de cette beauté.
— Jamais ! répondit le roi. Te laisser partir serait un crime. Là-bas, tu ne trouveras que la mort ! »
Le prince devint malade à en mourir. Il resta sept ans couché.
Son père, voyant enfin qu'il n'y avait plus d'espoir, lui dit un jour : « Puisqu'il ne reste plus d'autre moyen de te guérir, vas-y, tente ta chance. »

Instantanément : immédiatement, aussitôt

Chevaucher : se déplacer à cheval

Une meule de paille : un gros tas de paille

Guéri instantanément par ces paroles, le fils se leva et se mit joyeusement en route.
Comme il chevauchait à travers prés, il aperçut dans le lointain quelque chose de volumineux comme une meule de paille.

Quand il s'approcha, il vit que c'était en réalité le ventre d'un homme, mais d'un homme énorme dont le ventre était semblable à une petite colline.

En apercevant le cavalier, Gros Ventru se releva et lui dit : « Si vous avez besoin de quelqu'un, prenez-moi à votre service ! »

Mais le prince s'exclama :
« Que pourrais-je bien faire d'un valet aussi encombrant que toi ?
— Vous n'avez encore rien vu, lui répondit Gros Ventru. Si je me dilate, je peux être encore trois mille fois plus gros !
— Dans ce cas, dit le prince, tu pourras m'être très utile. Viens donc avec moi ! »

S'exclamer : s'écrier avec surprise

Un valet : un serviteur

Se dilater : augmenter de volume, grossir énormément

Un gaillard : un homme vigoureux

Tant : autant

La cour : le château de la reine

Un peu plus loin, ils arrivèrent devant un gaillard qui était allongé à terre, l'oreille collée au sol.

« Qui es-tu et que fais-tu là ? demanda le prince.

— On m'appelle Fine Oreille et j'écoute.

— Mais que peux-tu bien écouter avec tant d'attention ?

— Tout ce qui se passe dans le monde, car rien n'échappe à la finesse de mes oreilles. J'entends même l'herbe pousser ! »

Le prince lui demanda alors :

« Dis-moi un peu ce que tu entends à la cour de la vieille reine.

— J'entends le sifflement d'un sabre qui tranche la tête d'un prétendant, répondit Fine Oreille.

— Tu pourras m'être très utile, toi aussi, dit le prince. Lève-toi vite et suis-moi ! »

Ils se remirent en route tous les trois et rencontrèrent tout à coup une paire de pieds, puis une paire de jambes.

Mais elles étaient si longues qu'ils ne pouvaient en voir l'autre bout. Ils suivirent les jambes et arrivèrent enfin au buste, puis à la tête.

« Quel bougre d'échalas ! dit le prince en riant.

— Vous n'avez encore rien vu ! dit Longues Jambes. Si je m'étire, je peux être encore trois mille fois plus grand. Je

Le buste : partie du corps qui va de la taille au cou

Bougre : mot qui marque un manque de respect (langage familier)

Un échalas : une personne grande et maigre (langage familier)

domine les montagnes les plus hautes de la terre. J'aimerais bien entrer à votre service.
— Tu pourras toi aussi m'être utile, viens donc ! »

Dominer : être plus grand que

Ils continuèrent tous les quatre leur route et trouvèrent bientôt un homme, les yeux bandés, assis en plein milieu du chemin.

Souffrir : avoir mal

Un regard perçant : qui permet de voir si loin qu'il traverse les objets

« Souffres-tu des yeux au point de ne pouvoir supporter la lumière du jour ? demanda le prince.

— Oh non, répondit l'homme, c'est que j'ai le regard trop perçant. Dès qu'il se pose sur quelque chose, il le fait éclater. Mais si je puis vous être utile, j'entrerai volontiers à votre service.

— Suis-moi, Œil Brise-Tout », dit le prince.

Grelotter : trembler de froid

Taper : chauffer très fort

Suffoquer : avoir du mal à respirer à cause de la chaleur

Torride : extrême

Être transi : être gelé, paralysé par le froid

Tous les cinq se remirent en route et trouvèrent bientôt un homme qui grelottait de froid en plein soleil ; tout son corps était secoué de tremblements. « Mais comment fais-tu donc pour avoir si froid quand le soleil tape si fort ?

— C'est que je ne suis pas comme tout le monde, lui répondit Chaud Froid. Plus il fait chaud, plus je grelotte ; et plus il fait froid, plus j'étouffe. Au beau milieu de la glace, je suffoque, et sous une chaleur torride, je suis transi de froid.

— Tu es un drôle de bonhomme ! dit le prince. Si tu veux entrer à mon service, j'accepte ! »

Puis ils rencontrèrent un gaillard qui tendait le cou, roulait des yeux et arrivait à voir par-dessus les collines.

« Que regardes-tu si attentivement ? demanda le prince.

— J'ai de si bons yeux, lui répondit Œil Voit-Tout, que je peux voir par-dessus monts, plaines et forêts, partout d'un bout à l'autre du monde.

— Il me manquait un gaillard de ton espèce, dit le prince. Viens donc avec moi, si cela te tente. »

Être tenté : avoir envie

Suivi de ses six serviteurs, le prince

arriva dans la ville où vivait la reine. Il ne révéla pas qui il était, mais dit : « Si vous voulez me donner la main de votre fille, je ferai tout ce que vous exigerez de moi ! »

Quelle joie pour la sorcière de voir un si beau jeune homme tomber dans ses filets !

« Tu devras subir une triple épreuve, lui dit-elle. Si tu viens à bout de ces trois épreuves, tu seras le seigneur et l'époux de ma fille.

Ne pas révéler : tenir secret, ne pas faire connaître

Tomber dans ses filets : tomber dans le piège

Un époux : un mari

— Quelle est donc la première ? demanda-t-il.
— Tu devras me rapporter une bague que j'ai laissé tomber dans la mer Rouge. »
Le jeune prince retourna près de ses serviteurs et leur dit :
« La première épreuve est déjà très difficile : il me faut retirer une bague qui est tombée dans la mer Rouge. J'ai grand besoin de vos conseils. »
Œil Voit-Tout regarda là-bas, tout au fond de la mer :
« Je la vois, sur la pointe d'un récif !
— Allons-y ! dit Longues Jambes. Et il les transporta tous au bord de la mer Rouge.
— Mais comment faire pour la repêcher ?
— Rien de plus facile ! » dit Gros Ventru.
Il se coucha au bord de la mer, ouvrit la bouche et se mit à boire, engloutissant les vagues et vidant la mer de toute son eau.
Quand tout fut bien sec, Longues Jambes se pencha et saisit la bague.

Un récif : un groupe de rochers peu élevés au-dessus de la surface de la mer

Engloutir : avaler

Saisir : attraper

Tout heureux, le prince la porta à la vieille qui en resta saisie.

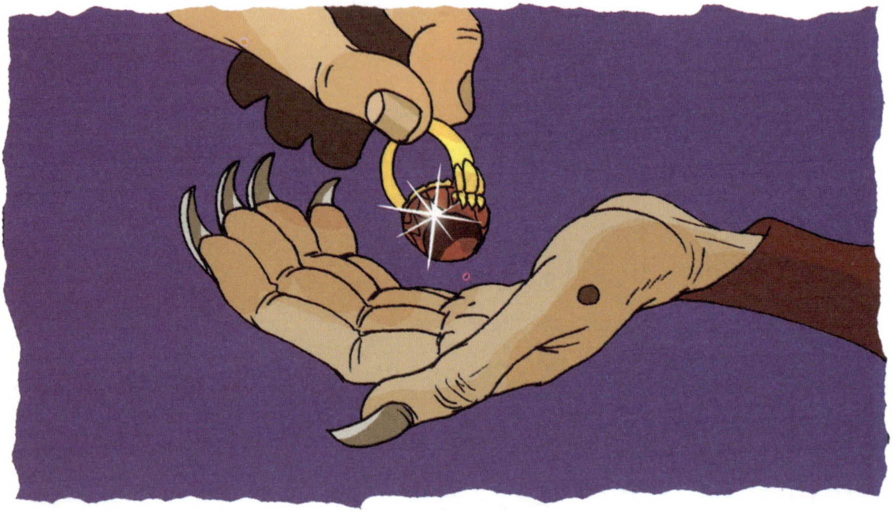

« C'est bien ma bague ! dit-elle. Tu as triomphé de la première épreuve, mais voici la seconde. Tu vois là, dans le pré devant mon château, ces trois cents bœufs bien gras. Tu devras les dévorer jusqu'au dernier, sans laisser ni peau, ni poil, ni os, ni corne. Et dans ma cave, il y a trois cents tonneaux de vin, que tu dois boire jusqu'à la dernière goutte... Un seul poil de bœuf, une seule larme de vin et tu es un homme mort !

Triompher de : réussir, surmonter

Une larme : une goutte

— Puis-je inviter quelques amis ? demanda le prince. Un repas solitaire manque de sel.
— Un invité, c'est tout ce que je t'autorise ! » dit-elle.

Manquer de sel : être ennuyeux, inintéressant

Le prince rejoignit ses serviteurs et dit à Gros Ventru : « Tu seras mon invité au repas, et pour une fois, je te garantis que tu pourras manger à ta faim ! »
Alors Gros Ventru multiplia sa grosseur et dévora les trois cents bœufs sans en laisser le moindre poil. Puis il but tout le vin des tonneaux, directement au robinet. Il lécha la dernière goutte qui était tombée sur son pouce. Le repas terminé, le prince se rendit auprès de la vieille reine et lui annonça qu'il avait exécuté tout ce qu'elle lui avait demandé pour la deuxième épreuve.

Garantir : promettre

Multiplier : augmenter

Exécuter : réaliser

« Mais il te reste la troisième ! dit la reine. Ce soir, je conduirai ma fille dans ta chambre, tu pourras la serrer dans tes bras. Je viendrai à minuit, et si elle n'est plus dans tes bras, c'en est fait de toi ! »

C'en est fait de toi : tu es condamné (exclamation familière)

Le prince pensa : « Cette troisième épreuve me semble bien facile. Il suffit de tenir la jeune fille dans mes bras et de garder les yeux grands ouverts. »
Il appela près de lui ses serviteurs. Il leur répéta ce qu'avait dit la vieille reine. « On ne sait jamais, dit-il. Il y a sans doute quelque piège là-dessous. Tenez-vous sur vos gardes et veillez à ma porte à ce que la jeune fille ne sorte en aucun cas de ma chambre. »

Se tenir sur ses gardes : faire attention

Veiller : surveiller, être vigilant

À la tombée de la nuit, la vieille reine arriva avec sa fille et la laissa dans les bras du prince. Longues Jambes s'enroula autour d'eux comme un serpent, Gros Ventru boucha la porte de sorte que personne ne puisse se glisser à

De sorte que : si bien que

l'intérieur. La princesse ne disait rien ; mais la lune éclairait son visage. Le prince ne la quittait pas des yeux, ivre de joie et d'amour, sans ressentir la moindre fatigue. Tout alla bien jusqu'à onze heures du soir. Mais alors la vieille leur jeta un sort à tous : ils s'endormirent et la belle disparut. Ils dormirent profondément jusqu'à minuit moins le quart. Là, le charme cessa d'opérer. Le prince et ses serviteurs se réveillèrent ensemble.

Ivre de joie : fou de joie

Un sort : un maléfice

Un charme : un sortilège, un ensorcellement

« Malheureux que je suis ! » se lamenta le prince.

Se lamenter : se plaindre

Ses serviteurs se lamentèrent avec lui mais Fine Oreille leur fit signe de se taire : « Silence ! »

Il tendit l'oreille.

« La jeune fille est sur un rocher, à trois cents heures de route d'ici. Elle pleure sur son misérable sort. Voilà du travail pour toi, Longues Jambes. Si tu t'étires, tu y seras en deux ou trois enjambées.

Son misérable sort : son malheur

— C'est entendu, dit Longues Jambes, mais il faut qu'Œil Brise Tout m'accompagne pour fendre le rocher en mille morceaux. »

Fendre : faire éclater

Il prit sur ses épaules l'homme qui avait les yeux bandés et, en un clin d'œil, ils étaient tous deux arrivés devant le rocher enchanté.

Enchanté : soumis à un enchantement magique

Longues Jambes retira le bandeau d'Œil Brise Tout et, au premier regard que celui-ci lança, le rocher explosa. Alors Longues Jambes prit la princesse sous son bras, Œil Brise Tout sous l'autre, et les voilà partis à travers montagnes et vallées. Il n'était pas encore tout à fait minuit qu'ils étaient tous réunis dans la chambre.

Comme sonnait minuit, la vieille sorcière arriva sur la pointe des pieds. Elle croyait que sa fille se trouvait à trois cents heures de route de là, prisonnière sur son rocher. Elle se glissa dans la chambre, et la vit dans les bras du prince. « En voilà un qui est plus fort que moi ! » se dit-elle avec étonnement et fureur.

La fureur : une violente colère

Mais elle ne pouvait pas faire grand-chose contre le prince et elle dut lui donner sa fille, à qui elle trouva quand même le moyen de chuchoter : « Tu devrais avoir honte de te soumettre ainsi, comme une fille ordinaire qui ne peut choisir un mari à son goût. »

La princesse fut blessée dans sa fierté et décida de prendre sa revanche.

Chuchoter : parler à voix basse

Se soumettre : accepter sans réagir

Être blessé dans sa fierté : être vexé

Prendre sa revanche : reprendre l'avantage

Le lendemain matin, elle donna l'ordre que fussent empilées de grosses bûches.

Empilé : entassé

Puis elle déclara au prince que s'il avait triomphé des trois épreuves, c'était seulement pour obtenir que sa mère la lui donne en mariage. Mais qu'elle ne l'épouserait que si quelqu'un était prêt à brûler à sa place sur le tas de bois enflammé.
« Pas un de ses serviteurs ne le fera ; il sera obligé de s'y mettre en personne et ainsi j'en serai débarrassée », pensa-t-elle.

Mais les serviteurs lui dirent : « Nous avons tous payé de notre personne pour le prince, sauf Chaud Froid. C'est maintenant à son tour d'agir ! »
Ils l'aidèrent à grimper sur le tas de bois auquel ils mirent le feu. Les flammes jaillirent et le feu ne dura pas moins de trois jours.

Jaillir : sortir avec force

Lorsque les flammes retombèrent enfin, Chaud Froid était là, au milieu des cendres, tremblant comme une feuille : « Jamais je n'ai autant grelotté de ma vie ! Si ce feu avait duré un jour de plus, j'aurais été congelé ! »

Être congelé : être frigorifié

La princesse n'avait d'autre issue que d'épouser le prince. Mais comme ils se rendaient en carrosse à l'église, la vieille se dit : « Je ne supporterai pas un tel affront ! »

Une issue : une solution

Un affront : une injure faite en publique

Elle lança ses troupes à leur poursuite avec ordre de massacrer tout ce qu'elles trouveraient sur leur route et de lui ramener la princesse.

Mais Fine Oreille avait tout entendu. « Que faire pour éviter ce massacre ? » dit-il à Gros Ventru. Celui-ci n'hésita pas un instant. Il courut derrière le carrosse du prince et cracha la mer qu'il avait bue. Cela forma un vaste lac dans lequel les troupes de la vieille reine se noyèrent.

Ne pas hésiter : agir résolument

Dépêcher : envoyer

Pulvériser : réduire en poudre

Lorsque la vieille reine l'apprit, elle dépêcha ses meilleurs cavaliers. Mais une fois encore, Fine Oreille entendit le galop des chevaux. Il en avertit Œil Brise-Tout, qui n'eut qu'à lancer un seul regard pour que les cavaliers soient pulvérisés comme du verre.

Les deux jeunes gens arrivèrent sans encombre à l'église et reçurent la bénédiction nuptiale. Les six serviteurs prirent alors congé de leur maître en lui disant : « Votre désir est réalisé. Vous n'avez plus besoin de nous. Nous allons chercher l'aventure ailleurs. »

Sans encombre : sans difficulté

La bénédiction nuptiale : action par laquelle un prêtre bénit le mariage

Un porcher : un gardien de porcs

À une demi-lieue du château, il y avait un petit village à l'entrée duquel un porcher gardait ses bêtes.
Le prince dit à sa femme : « Je ne t'ai jamais dit qui j'étais réellement. Je ne suis pas un prince, mais un porcher, le fils de cet homme que tu vois là-bas avec ses cochons. Il faut que nous allions le rejoindre pour l'aider à soigner ses bêtes. »

Il descendit avec elle à l'auberge du village et ordonna à l'aubergiste d'enlever pendant la nuit les vêtements de la princesse et de bien les cacher.

Le matin, quand elle se réveilla, la princesse n'avait rien pour se vêtir. L'aubergiste lui prêta une vieille jupe et de gros bas de laine tout usés en lui disant : « C'est bien pour votre mari que je vous les prête ! »
La princesse fût alors persuadée que son mari n'était qu'un pauvre porcher. Elle alla garder les cochons avec lui, en pensant que tout cela était la faute du grand orgueil qu'elle avait manifesté et qu'elle n'avait que ce qu'elle méritait.

Au bout de huit jours, elle avait les pieds en sang et était épuisée de fatigue. Elle vit arriver deux jeunes gens qui lui demandèrent si elle savait qui était l'homme qu'elle avait épousé.

Se vêtir : s'habiller

Persuadé : convaincu, certain

L'orgueil : un sentiment de supériorité

Avoir ce que l'on mérite : être puni pour ce qu'on a fait

Épuisé : à bout de force, exténué

« Mon mari est garçon porcher, il est parti acheter des cordes et de la ficelle. » Les jeunes gens lui dirent : « Venez avec nous, nous allons retrouver votre mari. » Et ils l'emmenèrent au château du prince.

Royalement vêtu : habillé comme un roi

Avoir de la peine : avoir du mal

Tendrement : avec tendresse, amour

La jeune femme entra dans la grande salle et y vit son mari royalement vêtu. Elle avait peine à le reconnaître. Mais il la prit dans ses bras et l'embrassa tendrement.
« J'ai tellement souffert à cause de toi, lui dit-il, qu'il fallait bien que tu souffres un peu pour moi ! »

Célébrer : fêter
Les noces : la cérémonie du mariage

On célébra alors leurs noces et celui qui vous a raconté cette histoire aurait bien aimé y être !

Table

Si tu as aimé,

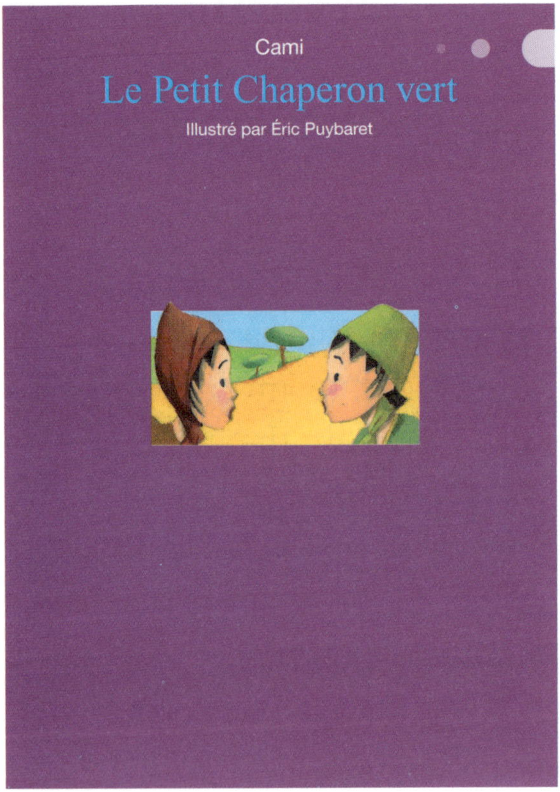

Tu aimeras aussi :

En scène, Point d'interrogation

Le hamster qui aimait les livres

de Florence Desmazures

Éditions Grasset Jeunesse

Point d'interrogation le hamster qui aime lire sauve les autres hamsters qui se moquaient de lui. Comment ? En lisant le mot « poison » sur une étiquette... L'adaptation théâtrale de l'album est pleine de rythme. La première représentation a été donnée par le Pressoir aux ombres à Troyes où l'album avait été couronné par le Prix des Bonnetiers en 1990. Les enfants aimeront se déguiser en hamster et jouer cette pièce vive et facile dont le thème plaira beaucoup aux parents et aux enseignants.

Si tu as aimé,

Hans Christian Andersen
La petite fille aux allumettes
Traduit du danois par D. Soldi
Illustré par Christian Kingue Epanya

Tu aimeras aussi :

Le petit soldat de plomb

de Hans Christian Andersen

Illustré par Georges Lemoine

Éditions Grasset Jeunesse

Pauvre petit soldat de plomb ! Un défaut de fabrication l'a fait naître avec une seule jambe. Mais ça ne l'empêchera pas de vivre de terribles aventures et de gagner l'amour d'une petite danseuse de boîte à musique.

Si tu as aimé,

Florence Desmazures
Les aventures de Bull Mastik
Le loup-garou de la Dent du Loup
Illustré par Guy Mérat

Tu aimeras aussi :

Les aventures de Bull Mastik

Le gang des singes

de Florence Desmazures

Illustré par Guy Mérat

Collection Lampe de Poche

Éditions Grasset Jeunesse

Le commissaire Bull Mastik est tout excité, il va peut-être devenir la vedette principale du film « Bull Mastik contre le gang des singes ». Mais durant la pause-déjeuner, la pauvre Rumba de l'Affreux Singe, la star de la chaîne Banana 6 s'effondre en hurlant. Bull Mastik diagnostique un empoisonnement. Mais qui est le vrai coupable ? Quels sont ses mobiles ? Dans le monde impitoyable de la télévision, une nouvelle enquête commence pour le commissaire...

Si tu as aimé,

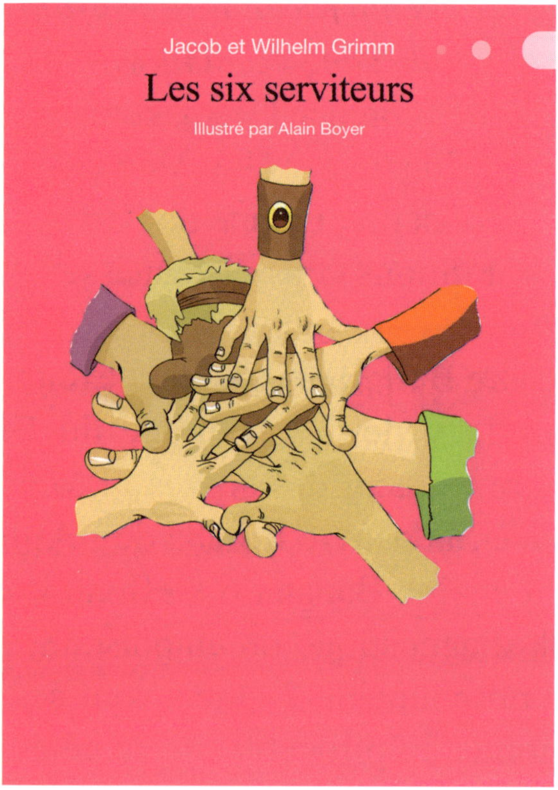
Jacob et Wilhelm Grimm
Les six serviteurs
Illustré par Alain Boyer

Tu aimeras aussi :

La bande des Karts

de Christian Devèze

Illustré par Richard Flood

Collection Lampe de Poche

Éditions Grasset Jeunesse

Malgré de nombreux obstacles, trois garçons et une fille, tous quatres passionnés de course automobile, mènent à bien leur projet. De récréation en récréation, ils parviendront avec un peu d'audace et beaucoup d'imagination à construire deux magnifiques karts. Une aventure bien menée, pleine de rebondissements, qui met à l'honneur deux grands thèmes : la persévérance et l'amitié.

Édition : Thierry Amouzou
assisté de Bénédicte Gaillard
Iconographie : Anne Pekny
pages 6 et 11, © collection Kharbine Tapabor
Fabrication : Isabelle Simon-Bourg
Illustrations : Éric Puybaret, Christian Kingue Epanya,
Guy Mérat, Alain Boyer
Création de la couverture : Laurent Carré, Alain Boyer
Réalisation de la couverture : Créapass
Maquette intérieure : Laurent Carré, Michaël Funck
Réalisation : François Hacker
Photogravure : Nord Compo

Achevé d'imprimer en Italie chez Rotolito Lombarda
Dépôt légal: 53443-12/2004 - Collection n°73 - Édition 02 - 11/6487/0